KB164670

기어가는 혁명을 위하여

한국형 내각책임제와 제7공화국

기어가는 혁명을 위하여

한국형 내각책임제와 제7공화국

고종석

대한 국민 여러분!

혁명의 시간입니다. 이 혁명은 우리가 세계 역사에서 보아왔던 많은 혁명과 달리 아무런 피 흘림 없는, 한 걸음 한 걸음 천천히 기어가는, 기어서라도 기어이 이르러야 할 명예로운 혁명입니다. 이 혁명은 지난해 11월 광화문 광장에서 시작되었고, 2020년 5월 29일 청와대에서 끝날 것입니다.

이 혁명이 지난해 11월에 시작되었다는 데에는 국민 여러분 모두 동의할 것입니다. 그렇다면 이 혁명이 2020년 5월 29일에 청와대에서 끝난다는 것은 무슨 뜻일까요? 바로 그날, 지금의 제20대 국회가 끝나는 날, 다음 대통령이, 다시 말해 대한민국의 제19대 대통령이 청와대에서 사가(私家)로 돌아온다는 뜻입니다. 그것은 말을 바꾸면 차기 대통령이 자신의 임기를 2년 줄인다는 뜻입니다.

차기 대통령은 왜 자신의 임기를 두 해나 줄여야 할까요? 그것은 우리들의 명예로운 정치혁명이 '한국형 내각책임제'의 성취로 마무리돼야 하기 때문입니다. 차기 대통령은 제6공화국의 마지막 대통령이자 제7공화국의 산파로 자신의 역할을 제한해야 합니다.

차기 대통령에게 주어진 가장 큰 임무는 무엇일까요? 첫째는 튼튼한 안보입니다. 대한민국이 없으면 대한 사람도 없습니다. 그 국가안보의 가장 중요한 버팀목이 국민 각자의 안보의식과 더불어 미국과의 굳건한 동맹이라는 사실은 지금까지와 마찬가지로 앞으로도 한결같이 유효합니다.

둘째는 서민-중산층 중심의 경제정책입니다. 지

금 우리 사회의 재산과 소득은 지나치게 한쪽으로 치우쳐 있습니다. 경제성장에 중점을 두되, 예컨대 최근 핀란드에서 시작한 기본소득을 비롯해 모든 국민이 가정경제의 주름을 펴도록 할 수 있는 친서민-중산층적 조처들이 시도돼야 합니다. 특히 청년 실업 문제의 해결에 온 힘을 기울여야 합니다. 다시 말해, 차기 대통령은 튼튼한 안보와 함께 서민-중산층 중심의 경제를 이끌어야 합니다.

그러나 이 두 가지는 어느 대통령이라도 마땅히 해야 할 일입니다. 대한민국 제19대 대통령이 이것에 더하여 특별히 해야 할 일은 '한국형 내각책임제'로 개헌을 하는 것입니다. '내각책임제'라는 말에서부터 다소 거부감을 느끼시는 분들이 계실 줄 압니다. 사실 우리 대한 사람들에게 내각책임제는 1960년 4월 혁명 뒤 잠깐 경험해봤을 뿐인 낯선 제도입니다. 5·16 쿠데타 이후 우리는 지금까지 대통령 중심제에 익숙해져 있습니다.

그렇지만 국민 여러분!

우리 대한민국은 이제 대통령 중심제라는 이 갑갑하고 옹색한 옷을 벗어야 할 만큼 어른이 되었습니다. 권력이 대통령 한 사람에게 고도로 집중되는 이 제도를 두고는 우리의 민주주의를 더 키워나갈 수 없습니다. 아니, 특히 지난 10년 가까이 보아왔듯, 우리는 민주주의의 후퇴를 목격할 수밖에 없습니다.

물론, 민주주의의 후퇴나 정체(停滯)가 반드시 대통령 중심제 때문만은 아니었습니다. 그러나 지금의 대통령 중심제는 승자독식 체제, 다시 말해 이긴

편이 모든 것을 갖는 제도입니다. 미국을 제외한 민주주의 선진국 대부분이 내각책임제를 채택하고 있다는 사실은 그런 사정을 반영한 것입니다. 국민의 직선으로 뽑힌 대통령이 스스로 자신의 권한을 제한하는 데 흔쾌히 동의하기는 매우 어렵습니다.

현재로서는 우리가 뽑는 대통령과 그의 둘레 사람들이 정의롭고 유능하고 선한 사람이기를 비는 수밖에 없습니다. 온 국민의 삶을 운에 맡기는 수밖에 없는 것입니다. 이에 대해 생각해 보시고 또 생각해 보시기를 간청드립니다. 오늘의 통탄스럽고 치욕스런 현상을 끝장내려면 이런 가당치 않은 틀을 고쳐 바꿔야 합니다. 지금 이 기회를 놓치면 안 됩니다. 대통령 중심제는 우리 대한민국이 입기에는 너무나 작고 낡은 옷입니다.

그런데 이것보다 훨씬 더 심각한 문제는, 대통령

중심제가 원래부터 불공평한 국회의원 선거 제도와 결합할 수밖에 없다는 데서 나옵니다. 지금의 국회 의원 선거 제도가 얼마나 불공평한지는 조금 이따가 말씀드리겠습니다. 국회의원 선거를 본뜬 지방 의회 선거도 마찬가지입니다. 그러니까 문제는 헌법 이전에, 아주 불공평한 공직 선거법에 있는 것입니다. 국회의원 선거제도를 공평하게 고치고 나면, 대통령 중심제는 버릴 수밖에 없습니다. 그 이유도 조금 이따가 말씀드리겠습니다.

앞당겨 말하자면 다음 대통령은 반드시 '한국형 내각책임제'로 개헌을 해야 합니다. 그 개헌으로 뻗어 있는 레일을 따라 우리들의 명예로운 혁명은 느릿느릿, 서서히 이뤄질 것입니다. 엉금엉금 기어갈 것입니다.

국민 여러분!

　지금 우리 국회의원 선거제도는 소선거구제와 정당 명부식 비례대표제가 결합된 형태입니다. 우리는 국회의원 선거를 할 때 자기가 지지하는 후보에게 한 표, 그리고 자기가 지지하는 정당에 한 표를 찍습니다. 지지하는 정당에 찍은 표는 그 정당의 비례대표 의원들을 결정합니다. 중앙선거관리위원회에 제출된 정당별 비례대표 국회의원 후보자 명부에 기재된 사람들의 순위에 따라 정당에 배분된 비례대표 국회의원 당선인을 결정하는 것입니다. 이것은 원리적으로 매우 훌륭한 제도입니다.

　그러나 그 안을 들여다보면 이 제도는 국민의 의사를 제대로 대표하지 못하는 제도입니다. 가령 내가 살고 있는 지역구에서 내가 지지하는 후보가

1,000표를 얻어 2위를 하고, 다른 정당 후보가 1,200 표를 얻어 1위를 했다고 합시다. 또, 다른 정당이나 무소속 후보가 다 합해서 1,000표를 얻었다고 합시 다. 이럴 때 국회의원에 당선되는 사람은 1,200표를 얻은 사람입니다. 물론 이것은 너무나 당연합니다. 그러나 그 당연함 속에는 불공정함이 숨겨져 있습 니다. 그 불공정함이란, 그 사람을 반대한 2,000표가 소위 사표(死票), 곧 죽은 표가 되고 만다는 사실입 니다. 1위 득표자에게 투표하지 않은 유권자들의 의 사는 아무 데도 반영되지 않습니다.

또 내가 지지하는 정당의 정당 투표 득표율이 30%에 이르렀다고 합시다. 그런데 안타깝게도 대 한민국의 선거법상 비례대표 후보 수는 지역구 후 보 수의 6분의 1가량에 불과합니다. 그래서 그 30% 라는 높은 지지율이 당선시킬 수 있는 비례대표 후보는 얼마 되지 않습니다. 현행 헌법의 41조 2항은 "국회의원의 수는 법률로 정하되, 200인 이상으로 한다"고 규정하고 있습니다. 지난 20대 총선 때 국회의원 정수는 300명이었고, 비례대표 의원 수는 47명에 지나지 않았습니다. 그래서 지난 총선에서 예컨대 국민의당의 정당 득표율은 27%에 가까웠지만, 그 당 소속으로 당선된 비례대표 의원은 13명에 지나지 않았습니다. 이것은 누가 보아도 불공정하고 불합리한 제도입니다.

국민 여러분!

이 불공정한 국회의원 선거제도를 그대로 놓아둘 수는 없습니다. 그래서 제가 생각하는 바람직한 선거제도에 대해 이야기해보고자 합니다. 우선 국회의원 정수를 500명 이상으로 정합니다. 인구가 8천만이 넘는 독일의 연방의회 의석이 600명 남짓이라는 것을 생각하면, 대한한국의 국회의원 수 500명이 지나치게 많다고는 할 수 없습니다. 500명이 너무 많으면 400명 이상으로 해도 좋습니다. 사실 제가 제안하는 선거제도도 독일식 선거제도를 조금 손본 것에 불과합니다. 일단 500명이라고 합시다.

그 500명 가운데 반인 250명은 지금처럼 지역구에서 뽑고, 나머지 250명은 각 당의 명부에 따라 비례대표로 뽑습니다. 그리고 지금처럼 유권자들은 1인 2표를 행사합니다. 지역구 후보에게 한 표를 행사하고, 지지하는 정당에 한 표를 행사하는 겁니다. 그런 다음 중앙선거관리위원회는 각 정당이 얻은 표의 비율대로 국회의원 수를 각 당에 할당합니다.

여기서 각 정당이 얻은 표라는 것은 정당 투표에

서 얻은 표만이 아니라, 지역구 투표에서 얻은 표까지 합산한 표를 말하는 것입니다. 그러니까 이 새로운 선거제도에서는 지역구 투표에서도 사표가 나오지 않습니다. 내가 지지하는 후보가 떨어졌다고 하더라도 그에게 준 표는 그의 소속 정당 의석수에 반영됩니다.

다만 당선자 결정 방식은 지역구를 우선으로 하고, 나머지 의석을 비례대표에서 메웁니다. 그래서 지역구 당선자가 정당 득표율에 따른 총 의석수보다 많은 경우엔 소위 '잔출의원'을 인정해 전체 의석수는 500석보다 늘어날 수 있습니다. 지역구를 대표하는 국회의원과 같은 수의 비례대표 의원들은 그들의 전문성을 활용해 국회의 질을 한결 높일 것입니다. 국회의원 자격이 없어 보이는 사람들을 명부에 올린 정당들은 정당 투표에서 낮은 득표를 할 수밖에 없을 테니까요.

 그런데 국회의원 수가 이렇게 늘어나면 그들에게 들어갈 전체 세비도 늘어날 것 아니냐고 걱정하시는 국민도 계실 겁니다. 우선, 저는 정치의 선진화를 위해 그 정도는 감수할 수 있다고 생각합니다. 그러나 전체 세비가 너무 늘어나는 것이 아주 큰 문제라면, 국회의원 1인당 세비를 지금보다 크게 줄이면 됩니다. 세비만이 아닙니다. 지금 대한민국의 국회의원들은 너무 큰 호강을 하고 있습니다. 연간 세비만 1억4천만여 원에다가 직원 채용을 위한 보수 지원 4억 원, 거기다 국고 지원의 해외시찰과 항공기 일등석을 비롯한 교통비 전액 지원 등을 비롯해 수많은 특권을 누립니다. 국회의원들의 세비를 줄이고 특권을 없애거나 줄입시다. 그리하면, 지금처럼 '돈벌이를 위해' 국회의원을 하고 싶어 하는 사람들보다 '국민의 종(公僕)'이 되기 위해 국회의원을 하고 싶어 하는 사람들이 실팍하게 늘어날 것입니다.

이 새로운 선거법의 장점은 정당 지지율이 의석수로 고스란히 이어져 국민의 정치적 의사를 가장 정확히 반영할 수 있다는 것입니다. 또 지역주의에 바탕을 두지 않는 소수 정당들도 원내에 진입하기 쉽게 됩니다. 말의 올바른 의미에서 다당제가 되는 것입니다. 국회가 이념적으로 무지개 빛깔이 되는 것이기도 합니다.

이런 다당제 아래서는 한 정당이 과반의 지지율을 얻기 어렵습니다. 다시 말해 아주 커다란 정당이 나올 수 없습니다. 권력이 여러 지역과 여러 계급에 분산되는 거지요. 그리되면, 1960년대 이후 거의 영남 출신 대통령들만 나오는 바람에 한국에서 지금 커다란 문제가 되고 있는 영남 패권주의도 사뭇 약

해질 것입니다. 물론 영남은 한국에서 가장 인구가 많은 지역이므로, 이 새로운 선거제도를 도입해도 가장 큰 힘을 누릴 것입니다. 그렇지만 지금처럼 막무가내로 패권을 휘두르지는 못할 것입니다. 이 제도가 승자독식을 막아주기 때문입니다.

또 지금 원외에 있거나 원내에서도 존재감을 드러내지 못하는 노동자 정당들도 제 몫을 누리게 될 것입니다. 저는 이 새로운 선거제도를 제 트위터 친구의 명명을 따라서 '민심 그대로 선거법'이라고 부르겠습니다. 민심을 고스란히 반영하는 선거법이니까요.

국민 여러분!

그러면 이런 '민심 그대로 선거법'을 채택한 뒤

에도 대통령중심제를 유지할 수 있을까요? 아닙니다. 불가능합니다. 이런 공정한 선거방식을 택하면 과반수 의석을 차지하는 정당이 나오기가 거의 어렵습니다. 그것은 대통령 중심제에서 여소야대 상태가 거의 항상적이 된다는 뜻입니다.

대통령 중심제에서 여당이란 대통령이 소속한 정당을 말합니다. 그런데 '민심 그대로 선거법'을 채택하면 대통령이 속한 정당도 국회 의석의 과반을 차지할 수 없습니다. 그래서 그 여당은 국회에서 소수파가 됩니다. 이 소수파 여당은 야당 연합에 맞설 수가 없고, 그러니 정국이 불안해질 수밖에 없습니다. 혹여 야당들이 심통이 나 사사건건 몽니를 부리면, 여당은 아무 일도 할 수 없습니다.

그래서 이 '민심 그대로 선거법'은 내각책임제와 결합해야 합니다. 과반을 이루지 못하는 정당들이 연립해서 국회의 다수파를 구성하면, 그 연립한 정당들이 집권세력이 되는 것입니다. 그리고 그 연립정부 가운데 가장 큰 정당의 대표가 총리를 맡게 됩니다. 이 '민심 그대로 선거법' 아래서 국회를 구성하는 국회의원에 입후보하고자 하는 사람은 반드시 정당에 소속돼 있어야 합니다.

이런 내각책임제를 채택할 제7공화국에서 대통령은 국회에서 의원 과반수로 선출돼, 국가원수라는 의례적 지위만을 갖습니다. 물론 대통령은 총리의 제청으로 장관들을 임명합니다. 그러나 대통령이 장관들을 임명한다는 것은 그저 형식적 절차일 뿐이고, 대한민국 제7공화국의 실질적 행정권은 총리와 장관들로 구성되는 정부가 지닙니다. 국회가 국민의 대표기관이라는 사실의 본뜻을 살려, 정부를 구성하고 통제하는 권리를 지니는 것입니다. '한국형 내각책임제'에서 국회는 국정운영의 중심 기관입니다.

지금처럼 총선을 4년마다 한 번씩 치르므로, 총리는 4년에 한 번씩 바뀔 수도 있고 안 바뀔 수도 있습니다. 집권당이 다시 승리하면 총리는 그 자리를 유지하는 것이 관례입니다. 그렇지만 4년을 채우지 못하는 총리도 있을 수 있습니다. 국회가 과반수 찬성으로 총리를 불신임하는 경우입니다. 또 총리 스스로 집권당의 대표 자리를 다른 사람에게 양보해 새로운 총리가 나올 수도 있습니다.

국민 여러분!

'한국형 내각책임제' 아래서는 국회가 국정운영

의 중심이므로 국회의원의 힘이 지금보다 더 세질지도 모릅니다. 그리고 권력을 남용할 수도 있습니다. 그래서 새 헌법에는 반드시 국민소환제를 두어야 합니다. 유권자들이 부적격하다고 판단한 국회의원을 국민투표로 파면할 수 있게 해야 합니다. 또 헌법이나 중요한 법률의 발의를 일정 수의 유권자들이 발의할 수 있는 국민발안제도 도입해야 합니다.

내각책임제는 대의민주주의의 꽃이라 할 만하지만, 그것이 좀 더 나은 제도가 되기 위해서는 직접민주주의의 도움도 받아야 하기 때문입니다.

그리고 국회-중앙정부 수준에서 제가 말씀드린 원리들은 지방의회-지방정부에서도 관철돼야 합니다.

지금까지 말씀드린, 선거법 개정을 전제로 한 '한국형 내각책임제'로의 개헌 과정이 명예로운 민주주의 혁명의 경로입니다. 이 헌법을 통해서 2020년 5월 30일 제7공화국이 탄생하는 날, 이 기어가는 혁명은 마무리될 것입니다.

국민 여러분!

대한민국의 현행 헌법에 따르면 헌법개정안을 제출할 수 있는 주체는 국회와 대통령입니다. 그런데 '한국형 내각책임제'가 전제하고 있는, '민심 그대로 선거제도', '지역구 의원 반, 비례대표의원 반'의 정당 명부 비례대표제는 기존의 커다란 정당들이 내켜 하지 않을 게 뻔합니다. 그것이 모든 지역과 계급에 공평한 제도여서, 그들의 기득권을 빼앗을 것이기 때문입니다.

그러니 개헌안은 대통령이 내는 것이 좋을 듯합

니다. 특히 정당과 연관되지 않은 무소속 대통령이 내는 것이 좋을 듯합니다. 제6공화국의 마지막 대통령, 다시 말해 대한민국의 19대 대통령은 무소속 후보가 되는 것이 바람직한 이유입니다.

국민 여러분!

우리 모두 이 위대하고 명예로운 민주주의 혁명에 동참합시다! 그리하여 2020년 5월 30일 새로운 총리와 함께 제7공화국의 앞날을 축복합시다.

읽어주셔서 감사합니다.

기어가는 혁명을 위하여 | **1판 1쇄 발행일** 2017년 1월 20일 | **지은이** 고종석 | **펴낸이** 임왕준 | **편집인** 김문영 | **펴낸곳** 이숲 | **등록** 2008년 3월 28일 제301-2008-086호 | **주소** 서울시 중구 장충단로 8가길 2-1 | **전화** 2235-5580 | **팩스** 6442-5581 | **Email** esoope@naver.com | **ISBN** 979-11-86921-36-4 03340 ⓒ 이숲, 2017, printed in Korea. | **Home** esoope.com | **Page** facebook.com/EsoopPublishing